소떡소떡
전갈자리

소떡소떡 전갈자리

초판 1쇄 발행 2022년 11월 23일

지은이 윤우
표지 디자인 조가람
펴낸이 장현수
펴낸곳 메이킹북스
출판등록 제 2019-000010호

디자인 최미영
편집 최미영
교정 강인영
마케팅 장윤정

주소 서울특별시 구로구 경인로 661, 핀포인트타워 912-914호
전화 02-2135-5086
팩스 02-2135-5087
이메일 makingbooks@naver.com
홈페이지 www.makingbooks.co.kr

ISBN 979-11-6791-284-8 (03810)
값 13,500원

ⓒ 윤우 2022 Printed in Korea

잘못된 책은 구입하신 곳에서 바꾸어 드립니다.
이 책의 전부 또는 일부 내용을 재사용하려면 사전에 저작권자와 펴낸곳의 동의를 받아야 합니다.

홈페이지 바로가기

메이킹북스는 저자님의 소중한 투고 원고를 기다립니다.
출간에 대한 관심이 있으신 분은 makingbooks@naver.com로 보내 주세요.

소떡소떡─── 전갈자리

윤우 시집

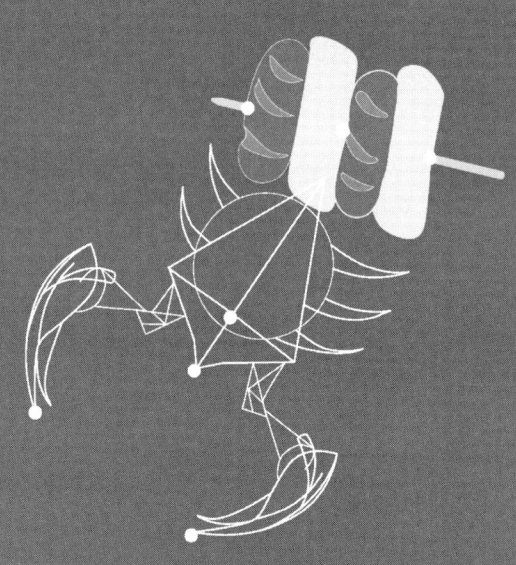

메이킹북스

차례

010 · 소떡소떡 전갈자리
011 · 속 산
012 · 억새
013 · 어둠 속으로
014 · 멍
015 · 애증
016 · 종이 한 장
017 · 실눈
018 · 내 사랑 만영이
019 · 애월읍
020 · 두둥실
021 · 門

022 · 갈매기
023 · 파도
024 · 나예요
025 · 토마토주스
026 · 흙탕물
027 · 무제
028 · 白薔微 백장미
029 · 달팽이
030 · 참새들에게 바치는 아침
031 · 작은 창
032 · 노오란 원피스
033 · 작은 짐승들
034 · 별들을 사랑하는 시
035 · 노인의 냄새
036 · 허
037 · 두 외로움

038 · 투영된 처진 모습과 더불어 솟아 있는 가슴
039 · 검정마을
040 · 하루살이
041 · 그늘
042 · 두 유충, 하나의 성충
044 · 자갈 주머니
045 · 빈속의 포만감
046 · 한 그루
048 · 웃었다
049 · 수첩
050 · 풍뎅이
052 · 똥강아지
054 · 해방촌
056 · 자연스레
058 · 따듯한 발
059 · 단지 샤프를 썼을 뿐

060 · 글씨체
062 · 하늘 멍
064 · 바래다준다는 마음
066 · 장난감
067 · 스스로 필 수 없는 씨앗과 스스로 질 수 없는 꽃
068 · 횃불
070 · 활공장
071 · 탈출
072 · 탓 없는 한
074 · 야간 버스 506번
075 · 내가 사랑하는 것들
076 · 외롭습니다
078 · 일몰에게
080 · 그런 사람들
082 · 구정 눈

083 · 과외
084 · 사랑 노래
086 · 뜀박질
087 · 정처
088 · 숙이에게
090 · 돌
091 · 내가 생각하는 아름다움에 대해서
092 · 바닷소리에 귀 기울여
093 · 장작
094 · 꿈
095 · 방파제
096 · 봄 밤
097 · 욕심
098 · 낙엽
099 · 사슴 눈
100 · 욕

101 · 흰 다리
102 · 친구
103 · 아침에게
104 · 비눗방울
105 · 좋아한다
106 · 시식 코너
107 · 다른 사랑
108 · 담배
110 · 장마
111 · 바다도 비에 젖는다
112 · 노란 복숭아
114 · 사람

소떡소떡 전갈자리

별자리 따라서 걸어본 적 있는가

소떡소떡 전갈자리 들어본 적 있는가

그녀가 주로 먹곤 했던 소시지, 떡
그리고 내가 키우던 전갈 한 마리

내 사는 곳 밤하늘 컴컴해 보이지 않으니
그녀 사는 곳 밤하늘 선명해 보질 않으니

외딴 곳 외딴 밤 선명한 별자리 따라서
눅눅한 걸음마저 멈추게 하는 땅끝에 서있다

이제야 내 눈에도 선명하구나

사랑하는 여인 손에 죽어진 슬픈 별자리 보이는구나

속 산

금 솔방울 줍고 있는 산속에
저 멀리 짖는 성견들의 웃음소리마저 잘 들리는 산속에

앙상한 철쭉 밑 본연의 앙상함 잊게 하는 낙엽 위에
수수히 젖은 바위 위에
한눈으로는 담기 힘든 우리 동네 위에

나조차 그런 산속에 담길 수 있을까

비어 있는 이 산이라면 가득히 나를 채울 수 있을까

가득한 산을 올라 텅 빈 산으로 내려간다면
한 번 더 이 모든 것들을 마주하게 된다면
마주한 모든 것 내 속 안에 있으랴

억새

갈대도 벼도 아니었던 억새야
바람조차 버거워 보이는 몸으로 나보다도 높게 솟았구나

너는 꼭 하늘에 닿거라
나는 닿지 못하거늘 너는 닿을 수 있겠구나
애써 감추고 있던 단단한 뿌리를 가졌으니

아무런 이유 없이 사람 손에 꺾이거늘
울지 않았으면
그 손조차 땅속 깊숙이 솟은 너의 뿌리까진 뽑지 못할 테니

어쩌면
너에게 있어 땅은
나에게 있어 하늘일 수도 있겠구나

어둠 속으로

자주 맞던 밤이 생소하게 느껴질 즈음에
감은 눈 속에 포개 보이던 달조차
가야 할 길 비춰 주고 있을 즈음에

나는 어둠 속으로

낮에 뜬 달 속에서도 캄캄한 어둠 속으로

멍

저에게는 아주 작은 흠이 있습니다
당신을 사모하는 마음에 가려진 아주 작은 흠이죠

그런 저에게도 당신이라는 우주가 있고요,
저는 당신한테 속해 있어요

제 귀는 당신의 걸음만을
제 심장은 당신의 심장에 포개지기만을 기다려요

그런 저는 모를 수밖에요
제 흠이 당신의 눈을 가리고 있던 것을요
그래도 저는 당신을 버릴 수가 없어요. 당신은 우주니까

오늘도 저는 우주에 속하길 바라요
열네 밤이 지나면 아무것도 볼 수 없는 캄캄한 우주가
되지만요

애증

쓸모없는 작은 나무 조각
벼락을 맞았다는 핑계로 비싸기까지 한 인감도장은 애
내 눈이 싫다는 이유로
세상에 나와 눈을 뜨면 다시는 그 작은 눈 뜰 수 없는
벌레는 증

닮은 모습의 다른 모양인 애증은
서로에게도 애 일까 증 일까

나는 그들에게 애, 증,

내 큰 눈을 고친다면
작은 눈도 뜰 수 있을 텐데

종이 한 장

사람의 마음은 너비에 비해 가벼운 종이 한 장

하얗던 종이 위 몇 글자 끄적이면 마음이 되고
끄적인 마음들 돌려보면 알아볼 수조차 없고
뒤집어 버리면 다시 새하얗다

뭐,
다시 몇 글자 적어 뒤집을 수도 있겠지
그게 쉬운가?

내 마음이 무슨 그림 그리고자 하는지 모르는데
평생 한 글자 적지 못하는 빳빳한 도화지일지 모르는데

실눈

글을 쓰는 나체로
한번 눈을 감아, 누워, 손을 든 채
눈을 떠야 한다는 이유를 만든다. 그 과정은 조금의 타협도 없는 일방적인 싸움이 된다
당연하지,
백전백승
내가 살아야 된다는 핑계를 대, 그 핑계를 대며 내일도 눈뜨겠지

머리 한번 깎고 싶어도 이만 원이 넘는 이 각박함에
난 오늘도 눈 반쯤 치켜뜬 실눈으로
눈을 다 덮은 머리를 내 손으로 자른다, 보이지도 않으면서

지저분하게 나 있는 잔머리를 보고서도
이젠 가위조차 들고 싶지가 않다
100전 99승 1무

내 사랑 만영이

오래된 당신 사진에선 보기 싫던 수척함조차 보이지 않네
그 얼굴 익숙했던 생각 없던 손주 놈 또한 보이지 않네

왜 이제서야 당신 앞에 많은 생각들 가져왔을까
짐을 정리도 못하고 왜 이제서야 당신을 기다렸을까

기다림이 무의미해질 때 내 짐은 믿음이 되고
믿음은 소리조차 나지 않는 진심 어린 서툰 눈물로 번져서 당신을 마주하네요

당신 가는 길

나지 않던 기억 속에 쌓여 있던 흠집들 전부 메워졌으면
요란한 장구 소리 위에 징 소리 없혔으면

그래야 숙이가 장구치고 똘이가 징 칠 수 있는데

애월읍

맛 지던 공기
급하던 구름
허기진 파도

가만히 이렇게 서 있어도 좋기만 한데

나는 무엇을
나는 얼마나 더

두둥실

연 띄우던 어린 소녀 그림 한 점
한 줌 작은 손으로 부는 연은
날고 있으되 날아가진 못하네

손에 꼭 두둥실 두둥실

내 손에도 연 쥐어진 기억 한 점
소녀만큼 작지는 않아도 더 꼭 쥔 기억 한 점

어느샌가 그 연은 하늘을 날고
이제 내 손엔 없지만 하늘을 날고

하늘 위 두둥실 두둥실

너무 멀리 날아가 버린 연 다시 내 손에
두둥실 두둥실

門

누구나 언제든지 들어오세요
저는 항상 열려 있으니까요

아무나 언제라도 열어 드리죠
저는요 최첨단 자동문이니까요

앗! 차!
그래서 누구든지 나갈 수도 있었네요
저는 최첨단 자동문이니까요

만약에 제 마음이 열기도 닫기도 힘든 구식 열쇠로 만들어진 문이었다면
낮이고 밤이고 지키는 경비원 한 명 두었을 텐데요

갈매기

내가 가벼워진다면 갈매기 될 수 있을까
갖은 생각들 침묵한다면 날 수 있을까

날고자 하지 않더라
아무런 동요 없이 두 날개 쭉 펴고 하늘에 있을 뿐
편안한 하늘에 있을 뿐

내게 이곳은 편하되 편안하지는 않더라

파도

파도가 나를 덮쳤을 때 나는 좋아라 파도에게 안겼습니다
파도 속에서 느껴지는 모든 것들을 만지고 있었고
드디어 내가 먼저 파도를 안을 수 있게 된 순간
파도는 썰물이 되어 찬찬히 달아났고
저는 끝내 만지지 못했습니다
모래가 한 알 한 알 말라 가 숨죽여도
내가 할 수 있는 건 그저 서서 물장구 요란하게 일으키고 있는 것밖에는
썰물은 밀물이 되어 돌아오지 않았고
숨을 쉬지 못해 죽어 버린 모래들은 사막이 된 채 나를 반겨 주었고 나는 아무런 감정 없이 그 위를 걸었다
걷고 또 걸어도 어디에서도 날 감싸 주던 물 한 방울 만질 수 없었다

나예요

제 말이 들리지 않아도 항상 보고 있다는 거 알아요
그렇기에 저는 이곳에 서서 아무 말 하지 않을게요
그저 제 마음이 닿게 간절한 인사 청할 뿐
나예요

드넓은 평야를 바라지 않아요
제가 걸어온 날들, 걸음을 기다리는 순간 위에 서 있고
싶어요

지금, 그 중간에서
다음 걸음을 내딛기 전에 인사할게요
나예요

토마토주스

어려서 나는 토마토주스를 먹으러 목욕탕에 가곤 했다
그렇게 밀기 싫었던 때를 밀러 누구와 그리도 자주 갔는지

작은 고추와 넘쳐흐르는 뱃살이 부끄러워 주저할 때
냉탕 위 둥둥 두 바가지 모아 잡으면 부끄러움 사라진
꼬맹이는 어느덧 커 버렸다

더 이상 엄마 손을 잡고 여탕에 들어갈 수 없는 꼬맹이
목욕탕에 더 이상 수영복을 가져가지 않는 꼬맹이
성인군자 성인군자 외치던 꼬맹이는 성인이 돼서 지금
도 목욕이 끝나면 항상 토마토주스를 먹곤 하는데
아무리 먹어도 그때의 맛이 나지 않는다

흙탕물

매미 소리 귀 따가운 초여름
얕은 웅덩이 밟으면 넘칠까? 흙탕물 묻지는 않을까?

그런 나를 비웃던 강아지 한 마리가 신나게 뛰어놀고
나니
나는 홀딱 젖어 있었다

하얀 털은 흙탕물 조금 묻었지만
난 흙도 물도 아닌 지워지지 얼룩 범벅으로

무제

태양이 좋다면
햇빛 따스하다 몸 녹일 게 아니라
몸 녹아 없어지더라도 그 속에 들어가 봐야지

바다가 좋다면
수면 위에서 물장구치며 좋아할 게 아니라
숨 한 방울 부족해 발버둥 쳐도 심해 깊숙이 내려가야지

白薔微 백장미

무채된 진니 속 낯선 빨강
시들은 몸부림 위로 예민하게 솟은 가시

가시에 찔려 나온 무수한 피

장미는, 자신을 덮은 피투성이마저
장미는 상처 줬던 모든 것들까지 사랑하고 있었다

그 피로 피투성이가 된 것도 모르는 채

우리가 아는 장미들은 애초에 빨강이 낯설 수도

달팽이

좋겠다 달팽이는 다들 집 한 채 가지고 살아가니

좋겠다 강아지도
가만히 있어도 사람, 사랑 다가오니

좋겠다 비둘기까지
부딪힐 걱정 없이 저 먼저 비켜 주니

움직이지 않는 세상에서 그들의 빠른 걸음걸이로
검은 눈 감기기 전까지 단 하나만 바라보며
무시받는 발자국 소리로부터 멀리 날아가 버릴 수 있으니

참새들에게 바치는 아침

이른 아침 참새에게 건네는 아침 인사
자그만 손짓 건네려 하자
너르한 날갯짓
달아났다

그 너르한 마음에 휘청거리는 억새 위로 훌치듯 달려
갔다

산으로 밭으로
무지로 앞으로

작은 창

내가 주는 먹이만 기다리며 아침마다 고개를 뻗고 기다리는 거북이가 된 하루

작은 새우는 아니었지만 내 입맛에 잘 맞았는지 밤이 되도록 고개를 뻗어 작은 창에 조아렸다

참지 못하는 마음에 입고 있던 가체들 전부 벗어던져 아삭한 걸음으로 자리를 박찼다

그 맛,
봄 맛,
어디에도 담아 놓을 수 없기에
오늘도 나는 몸 구부린다

노오란 원피스

무엇이도 저렇게 좋을 수 있나?
한마디 말조차 없이
향한, 온몸으로

노란색, 저리도 화사했나?
세상이 섞인 듯한 알록달록 머리띠 가려지고
무엇이든 아름다이 보는 웃음소리 들리고

노오랗게 물든 당신

참 예쁜 눈이었는데

작은 짐승들

참을 수 없던 갈증이 죽음이 된 어떤 하루
죽음인지 죽임인지 모르는 하늘
바로 그 하늘 밑에 작은 짐승 한 마리 서있다

작은 짐승 눈에 더 커다란 짐승이라곤 보이지 않아도
사실 그 짐승도 단지 무리에서 조금 더 클 뿐
자신이 작은지 큰지 모른다
본인을 작은 짐승이라 부른다

우연히 마주한 커다란 세상을 담을 수 없다고 느낀 내
작은 눈을 봤거든

별들을 사랑하는 시

캄캄한 먼동이 튼 일출봉에서 난
해가 떠오르는 것을 기다리는 대신
별들이 사라지지 않기를 애원하고 있다

잠시 동안의 어두운 하늘에 나의 별 빛나지 않아도
잠시 빛나지 않을 뿐 아주 잠시 보이지 않을 뿐

눈부신 헤어짐이 무서워 눈을 고옥 감을 필요는 없다
잠깐 뜬 낮은 나한테 있어 너무도 캄캄할 테니

나를 한 번 스치지도, 바라봐 준 적도 없다

빛나지 않는 날 못 봤을 수 있으니
하루 꼬박 지새워
별들을 사랑할 테다

노인의 냄새

그들이 지나온 길들을 밟고 있다
그들이 살아간 삶을 살고 있다
그들이 담겨진 냄새를 맡고 있다

인자한 듯 아주 천천히 다가오는 손짓과
입이 아닌 목청으로 얘기하는 웃음 짓들 그리고 꿰뚫는 눈짓 중에서도
제일 깊숙한 노인의 냄새

직접 마주하기도 부끄러워 떠나간 자리에 밴 냄새만 맡는다

허

되게 빠르게 가고 있던 그들의 시간들이 이제는 나만의 시간이 되어서 천천히 흘러가고 있다. 도롯가에서 크고 있는 나무들이 정적이지 않고 동적이라고 깨달으며 나뭇잎이 주는 유연한 움직임들까지 느낄 수 있다. 그리고 소리로 넘어가 자동차 엔진 소리보다 바퀴가 굴러가는 소리에 집중이 되고 생각보다 대화가 없는 사람들 사이에 나도 함께일 수도 있다. 아무런 말없이 나는 그들로 존재하며 그들의 꿈속 어딘가를 걷고 있는 듯하다

앉아서 걷고 있고 걸어서 갈 수 없는 곳에 도달한 그때 저절로 기침이 나오게 하는 담배 냄새와 허리에 부담이 되는 등받이 의자도 좋다. 말 한마디조차 용서되지 않는 이곳에서 내 마음들 용서하며 무엇을 쓰는지도 모르게 편안한 지금

아주 옹골지다

두 외로움

하나의 외로움으로 발끝조차 닿지 않으려 도망쳤다
둘의 외로움으로 아무도 없는 곳에서 나 자신을 찾고자 했다

하나의 외로움으로 여전히 쫓기고 있고 둘의 외로움은 나로부터 여전히 도망가고 있다

내 눈으로 보이지 않는 나에게 아무런 도움조차 얻지 못할 때
내 눈을 버리고자 주위 한번 둘러보지 않고 어디에도 없는 구덩이 안으로 동행했다
그 구덩이 속 나는 분명 혼자였으며 분명 누군가와 함께했다

구덩이 속에 영원히 갇혀 내 두 눈 완벽히 구덩이에 묻어 뒀을 때
나는 비로소 묵직한 어둠 속에서 두 외로움을 마주했다

투영된 처진 모습과 더불어 솟아 있는 가슴

모르겠다. 모르겠을 때
다 내려놓고 거울에 비친 내 모습 뚫어져라 보라

내 이마가 대답해 줄 것
내 눈썹이 대답해 줄 것
내 눈동자 밑으로 입꼬리가 대답해 줄 것
처진 어깨와 굽은 가슴이 비춰줄 것

내 몸속 숨 쉬고 있는 숨구멍 하나하나가 대답해 줄 것

오늘도 나는 두두둑 소리와 함께 자세를 고쳐 앉는다

검정마을

어둠 속으로 걸어가는 내 눈동자가 땅에 처박혀 요동칠 때
비로소 나는 그 땅을 잠시나마 볼 수 있습니다

저는 더 큰 어둠 속에 존재하는 작은 마을에서
두 눈 감는 법 배우지 않아 항상 치켜뜨고 살아왔어요

저희 마을에서 배운 거라고는
마을 밖에는 더 커다란 어둠이 도사린다는 것

허나 저는 그 어두움이라는 게 도대체 무엇인지 모르겠어요

당신 말대로 그저 캄캄한 게 어둠이라면
검은 하늘
검은 사람
검은 음식
이것들이 제가 사는 마을인데 어둡다고 할 수 있어요?

하루살이

단 하루만 살겠다

생각도 마음도 없는 이른 아침에 맞이한 긴 하루는
초저녁에 다가오는 죽음보다도 더 의미 없겠지

차라리 단 하루만 살겠다

새로움 위에 놓인 돌멩이들 가득 주우며
하루의 끝에 파인 내 무덤 옆에 돌멩이들로 탑을 쌓자

눈이 떠지고 내 옆에 돌탑 보이지 않는다면
새로 주어진 하루에 쌓을 돌멩이 주우러 어서 나가자

그러니 내가 단 하루만 산다고
동정할 필요 없다

그늘

너무도 뜨거워서
밟고 선 모래 자갈 뜨거워 터지기 직전
내 발바닥이 그늘 속으로 숨어 버렸습니다

참나무 이파리 사이사이 햇살들 비집고 그늘을 방해해도
가지들의 나무가 만들어주는 시원한 그늘막에는 닿지
못하니까요

저에게 매 순간들은 뜨거운 모래자갈 같아서 두 발로
견디기 힘들어 어디론가 숨어버리고자 할 때가 많았어요
하지만 이번에는 나무 한 그루 찾기 힘든 모래사장 가
득한 바다에 떨어지고 말았네요

제 눈에는 어떤 그늘도 어떤 나무도 보이지 않으니
제 마음속에 다른 그늘을 만들어야겠어요

가지들이 자라나는 제 마음 어딘가에 계속 써 내리는
진실한 한 문장들의 흑심처럼

두 유충, 하나의 성충

한 유충의 허물은 몸에 딱 맞아서 작은 발길질에도 쉽게 찢어져 언제라도 성충이 될 것 같아 보였고
다른 유충의 허물은 성충이라는 당연한 꿈마저 꽁꽁 싸매고 넓게 자리하고 있었어요

좁은 아량의 허물에 자만한 유충은 편안한 꿈만 꾸며 쉬운 발길질 한번 하지 않았고
눈을 뜬 채로 매일을 성충이라는 작은 꿈을 만들어 꾸었던 유충은 어느덧 불가능이라는 허물이 조금씩 찢어지고 있었어요

야속하게도 두 유충은 성충이 되지 못했고 허물 속에서, 깊지 않은 땅속에서 눈을 감았어요

그곳에서 조금의 틈으로 찢어지기 시작했던 한 허물의 틈으로는 시간이 흘러 작아진 유충이 조금씩 흘러나와 땅속으로 스며들었고

그 유충은 땅과 하나 되어 다른 유충들에게 생명을 선물하는 진정한 성충으로 탈바꿈했어요

깊은 곳에서
이 세상 전부를 느끼게 되었죠
세상의 전부를요

소띡소띡 쳔갈자리

자갈 주머니

어디선가 내 귀를 때려 박는 요란한 굉음
사실 그 소리 모두 내 안에서 일어났다

그 소리들이 만든 구멍 속으로 내 자갈 한 알씩 빠져나가고 있었고 더 이상 자갈 한 알 남지 않아 가벼워진 주머니는 떨어졌다

떨어지기 직전까지 훨씬 더 커다란 구멍에 어떻게든 몸을 끼워 넣고 있었던 마지막 자갈 한 알

그 한 알이 미워 점이 되지 못하고 떨어진 주머니

나는 구멍 뚫린 주머니와 마지막 자갈 한 알과 함께 돌아갔다

나는 그 주머니 "자갈 주머니"라 부르기로 했다

빈속의 포만감

나무의 뿌리를 감싸고 있는 모래알 가득
움푹 파인 웅덩이에 오래전 내리던 이슬비 가득
이기적인 두 손가락 사이로 오르는 구름도 한가득

답답하다. 내 눈 안에 모든 것들 여유 없이 가득하다
막막하다. 무엇들로 비워 낼 수 있을지 곧이어 터질 듯 하다

소나기 한 가운데에 내 자신을 아무리 세워 봐도
빈 종이에 내 자신 한 아름 적어 내려도
빈속에 구토를 하는 답답한 맘이 남을 뿐
아무리 애를 써도 덩어리 한 알 올라오지 않고 목만 아플 뿐

피 한 방울 나지 않는 따가움에

무엇을 잘못 먹었는지

한 그루

지나가는 사람들만 잠시 쳐다봐도 부족하고 책 한 장 읽기에도 버거운 60초라는 시간
갈 길들에 놓여진 수많은 나무들을 지나치는 시간
그런데 하루 종일 나의 60초를 기다리는 나무 한 그루 있다

그 나무는 수십 년의 흔적이 될 만큼 거대한 그늘이 있고 작은 이파리부터 큰 가지들 사이마다 잘 익은 달콤함 달려 있다
나는 햇빛 한 줌 닿지 않는 그늘에서 맛본 달콤함에 익숙해졌다

없다
나무에 물 한 번 준 적이 없다
귀찮아서 나무를 등지고 지름길로 지나친 적도 있다
하지만 오늘도 열매는 달았고 어느새 더 자라서 밑까지 내려온 가지들은 더더욱 나를 품어 준다

내가 물을 주지 않아도
그늘 속에서 달콤함 함께 나무와 나누지 않아도
나무에겐 존재만으로 커다란 거름이 되었던 것

웃었다

아무런 고민 없이 온몸으로 웃었다
내 손이 웃고 내 눈이 웃고 내 귀가 웃었다

한 걸음 두 걸음 앞으로 걸어갈수록 내가 바라보고 있는 세상이 조금씩 낮아지고 있었고
나는 낮아진 세상을 드디어 올려다볼 수 있게 되었다

새 것처럼 빳빳한 건물들
어느덧 키만 한 작은 나무들
내 눈앞에서 허우적대는 잠자리들까지도 실컷 올려다보았다

내 기억 속에 남은 제일 길게 두 팔 펼쳐 보았던 모래 운동장 아니고서
이렇게 수수하게 올려다본 게 얼마만일까

나는 오늘 정말 오랜만에 웃었다

수첩

빈 수첩을 색연필로 채워 보려는 노력
빈 수첩을 꼭 색연필로 채워야 될까, 라는 의심

빼곡한 수첩을 비워 내고 싶다는 후회
아무리 비워도 지워지지 않는 색들로 비워지지 않는
수첩

빈 수첩이었다는
빼곡했던 수첩이었다는

오목한 홈으로 남은 내 수첩

어느덧 넘겨진 다음 장으로부터
어느덧 새 삶을 맞이하는 내 수첩

풍뎅이

나는 너를 대형 마트에 있는 긴 진열대에서 처음 마주했어
생명감이라고는 없는 유리 상자 속에서

그런 너를 보고 10살 꼬맹이는 생명감에 대한 고민에 빠졌었어
그래서 할머니가 다니는 교회에 3번 간다는 약속과 함께 네가 좋아하는 냄새도 맛도 구린 젤리들 잔뜩 사서 너를 유리 상자째로 데려왔었지

우리 집에도 생명감이 없었던 건지 넌 그때까지도 빽빽한 검은 눈동자 깜빡이지 않고 버티고 있었어. 그저 점처럼

그래서 네가 긴 잠을 마주하러 무서운 허물 속에 들어갔을 때 나는 네가 하얀 눈을 가지고 나오기를 바라며 사람 손 닿지 않는 화부산 뒷터에 비료째로 네가 깨지 않도록 조심히 묻어 줬어

근데 왜 커다란 수액줄이 아닌 제주도까지 날아와서
콘크리트 바닥을 기고 있는 거야
그것도 검은 눈으로 나 같은 표정을 하고

같은 표정 같은 바닥 같은 걸음

똥강아지

똥강아지야 우리 못난 똥강아지

누르스름한 입내 가득 물고 있는 똥개
물지는 않을까? 까만 주둥이 씰룩대는지 보며
너와 나만 아는 묵언의 이야기 주고받고 언제 그랬냐
는 듯 서로에게 풍덩

고놈은 참 귀엽다
까만 주둥이는 내 모든 것을 핥아 대느라 볼 새 없었고
진흙더미째 왕 발 갖다 대며 인사를 해대는데
새 옷이라고 아무리 말해 봤자 너의 반가움보다 클 리
가 없지

그때

내가 부르는 똥강아지 소리에
나를 부르는 똥강아지 소리가 들려왔어

나를 왜 그토록 똥강아지라고 불렀는지
너무 늦게 알아차렸을까

오지 못하는 주인을 기다리는 똥강아지 바라는 건
단지 나를 부르던 그 고운 소리

한없이 그리운 1월달의 목소리

해방촌

죽지 않고 살아 있음에 감사를 느끼기 전
나는 여전히 죽지 않아서 살아 있다

단 한 번의 튀는 노력도 없었다
그 노력이 가상해서 오늘도 죽지 않고 살아 있다

그 노력 뒤에 텅 빈 논과 작은 소나무 한 그루 있진 않겠지
논에는 분명 밭이 서 있을 것이고
그 밭 메꾸는 가족들 분주히 움직이고 있을 것이고
그 사람들 사는 세상 속에 그저 논이 덩그러니

덩그러니 논 위에 서서
덩그러니 그것들 향한 미소 짓겠지

그 미소와 지금의 웃음 짓 한 번이 전부인 지금
더 열심히 웃을 것
지치게 울 것

지쳐라 흘린 눈물이 피하지 못하는 이슬비 같을 때 그
이슬비 피하기 싫어 조금씩 젖고 있을 때
정말 시원한 바람을 타고 그 눈 위를 달려갈 거야

자연스레

푸르던 잎 자락 조금
가을 진 이파리 가득
깊숙해진 뿌리 발
폭삭 익어 버린 열매
그리고 동행하던 구름들과 이제는 내리지 않는 눈꽃들까지
온전토록 느껴지는 깜빡거림들이 내게는 너무도 자연스럽다

내가 사랑하는 구름이고 바람이고 얼굴이다

하늘색이 넘어가고 내가 서 있고
썰물이 가까워서 발목 잠기고
걷는 땅 높아져 내 키 한 층 자람들이 사랑스럽다

사랑 속의 자연들과
자연 속의 사랑스러움이 얼마나 내게 스며들었는지

내 눈 밑에 있는 달무리 멀어지는 게 왜 이리도 갈증이 날까

달무리에 대고
건배

따듯한 발

짧은 서성임에 눈이 마주쳐 주춤
주춤 뒤돌아 주춤

본능보다 큰 끌림에 멈춰 세우며 조금도 주춤하지 않
은 채로 나를 바라보더라

진정 나를 바라보더라
말을 단죄하는 행동이라고는 멈춰선 것뿐인데
진정 나는 알 수 있었다
그 눈동자 속에 목에 감긴 줄에 대한 원망이 비춰졌을 때

그 빳빳한 줄에 감겨 따듯한 발 멈춰 섰지만
나 또한 따듯한 발로 서서 한참을 바라보았다
살가움에 흔들어 대는 꼬리를

단지 샤프를 썼을 뿐

단지 샤프로 바꿨을 뿐인데
내 손에 힘이 덜 들어가는 것뿐인데

조금 더 연해진 마음으로 펼친 공책에
소박한 글들이 아주 천천히 스며들어
내일의 글 자리에 아무런 두각 보이지 않을 때

내 손끝에서 느껴지는 이 부드러움이
살살 어루만져야 하는 아이 같아서

살살 아주 작은 재롱과
살살 울음마저 뚝 그칠 유치한 몸짓으로
공책에 싱글벙글 웃고 있는 글들이 피도록

웃 차

글씨체

먹구름이 내 하늘 다 가려서 그리운 날엔
멍청한 하늘에 대고 손으로 끄적끄적
선 몇 개와 점들 몇 개와 손짓들로
그렇게 보고 싶던 내 밤하늘 보고서
추위 속에 가벼워진 머리 뒤로 젖혀 눈을 감았다

다음 날
먹구름이 흘리고 간 두 마디 정도의 무지개를 보고서
먹구름과 무지개 사이의 내 마음이 어디쯤 있을까 하여 찾아보니

그 마음의 움직임은 단지 어제와 오늘의 글씨체였을 뿐
선들 끝에 번진 잉크 조금과 선들 사이를 비켜 나간 마음들이 내 손보다 조금 급했을 뿐

먹구름을 움직인 내 글씨들은 손이 아닌 마음이었음을
먹구름과 무지개 사이의 어딘가에서 나는 알아 버렸다

손을 바꾸기 전 내 마음을 생각해 보니
악필이라 칭하던 친구 눈에도 내가 무엇을 쓰고 있는지 소리 내어 읽기 시작했다

하늘 멍

오늘 내 하늘은 맑을 것
작은 바람으로 고개 젖혀 하늘을 올려다보면
무연으로 빚어진 구름조차 한 점 없는 푸르른 하늘
어떤 우연도 기대할 수 없는 텅 빈 하늘

내 마음 같지 않아 이것저것 괴롭히다 보면
가만히 서서 그저 텅 빈 하늘이 도망치는 걸 바라보는
내가 서 있다
텅 빈 하늘이 도망가도 내게 우연이라는 구름은 오지
않았다

어느새 내 바람을 앞지른 달빛이 내 앞길 터 낼 때는
사악한 욕심들에 하늘은 잔뜩 까매졌고
꽉 찬 하늘을 비워내려 크게 숨 들이마시다 보면
달무리 내 머리까지 내려와서
손바닥에 가려지지 않는 달을 우연 삼아 말을 걸어 본다

아무런 말없이 밤하늘에 멍
어떤 바람도 없이 멍
맑은 내일도 멍
옆집 강아지도 멍

바래다준다는 마음

생명감이라고는 찾을 수 없는 내 눈에 선명한 밤길
너무도 선명해서 더 잘 보이는 두려움에 혼자이기 싫어
그 사람 손 꼭 잡고 혼자서 돌아와야 하는 어두운 초행길을 걸어갔다
말없이 손만 꽉 쥔 채 바래다준 초행길이 익숙한 길이 되었을 즘
바지춤 꽉 쥐고 더 캄캄해진 두려움에 괜히 큰소리로 속마음 읊어 본다

그 사람 손잡을 용기로
밤이고 낮이고 환하다는 용기로
산책을 좋아해서 괜찮다는 핑계로 언제든 초행길에 오를 수 있음을
묵묵히 캄캄한 이 밤을 아무런 빛 없이 나아갈 수 있음을

언제든 바래다줄 수 있다는 이 작은 마음으로
아무런 고민 없이 혼자서도 실없이 웃으며

두 손 꼭 잡고 온몸이 부서져라 안으며
이처럼 환한 대낮에 그 사람 만나러 갑니다

장난감

친구가 되고 싶어서 눈물이 나던 그때

단지 손을 잡고 싶어서
내 세상에서 너를 들여놓고 싶어서
둘만의 세상으로 만들고 싶어서

보고만 있어도 좋을 것 같아서
보고 있지 않아도 좋겠다 싶어서
너와 친구가 되고 싶던 그때
온 세상의 마음으로 단지 너와 친구가 되길 원했던 그때
너의 친구 너의 사랑까지도 될 수 있었던 그때
온 세상의 마음으로 단지 그 순간을 살고 있던 그때
그때
그때는
처음 마주친 마음의 모양이 이렇진 않았는데

<u>스스로 필 수 없는 씨앗과 스스로 질 수 없는 꽃</u>

생각납니다
지워지지 않습니다
그리워합니다
보고 싶습니다
함께하고 싶습니다
만지고 싶습니다
맞닿고 싶습니다
느끼고 싶습니다
그리고 싶습니다
미움받고 싶습니다
사랑하고 싶습니다

더 이상 당신을 내게서 피우지 못할 때
가장 큰 열매 하나를 떨어트려 당신과 함께 다시 피어
나고 싶습니다

횃불

표정이 좋지 않아요
몸이 으슬으슬 추워서 그래

눈이 붉어지고 있어요
타오르는 횃불들이 눈에 비쳐서 그래

눈물이 흐르고 있어요
불이 너무 뜨거워서 그래

숨소리마저 거칠어지고 있어요

표정에서 얼굴까지 녹아내리고 있어요

앙 다문 입술을 벌릴 때 무언가 참고 있어요

이제는 나한테까지도 번져서 나도 같이 타오르고 있어요

횃불에도 타 버리지 않는 마음에
내 안에서라도 타 버렸으면 하는 마음이라 그래

활공장

사랑할 수 있을까?
그때 그 병실에서의 크리스마스가 아닌 다른

사랑할 수 있을까
몸이 얼어붙도록 추워도 기꺼이 벗는 외투가 아닌 다른

사랑할 수 있을까
그토록 원하던 여행이 고작 몇 발자국이 아닌 다른

밤과 낮이 바뀌도록 걸어도 쑤시지 않는 무릎이 아닌 다른

너의 얼굴이 아닌 다른

나 혼자 기억하는 슬픈 별자리가 아닌 다른

모든 걸 바칠 만큼 사랑해도
나 아닌 다른 사람을 사랑하는 너를 내가 언제까지 사랑할 수 있을까?

탈출

작은 창
너머로
요동친
축 처진
무언가

새벽의
소리에
탈바꿔
떨어진
무언가

탓 없는 한

내 귓속에 스며든 어느 타인의 한
아주 작은 원망의 두미도 보이지 않던 놈은
어느 가슴속에 응어리질 지 모른 채
어떤 타인에게도 내어주지 못했던 내 가슴속에 파고들었다

내게 타인에게 마음을 내어주는 법을 알려준 그 사람의 마음이 가득 차서 그랬을까

읽기 힘들다던 비극의 결말에도 전혀 동요하지 않던 내 가슴속에서
그 한은 방금 막 피어난 나의 한이 되었고

씨앗도 거름도 없이 핀 그 꽃을 뿌리째 뽑아내지 못해
그저 안타까움의 농도가 짙은 소나기에 풀이 죽기를 기다렸다

한 송이를 태우기 위해 온 마을의 산에 불을 질러야 한다면
나 그 친구와 온 마을의 산을 모조리 태울 터

언젠가 그 꽃이 지고 머물던 향까지 온전히 아물기 전까지는
나 그 친구와 누구도 원망할 수 없는 탓 없는 한을 절대로 잊지 않을 터

야간 버스 506번

바깥 속에서 투영되는 차창 너머, 버스 안의 순간들
창밖에서 창가로
창가에서 내게로

마지막 노선의 캄캄한 버스에 싣고 있는 내 모습
건물 외벽에 새겨져 차창 너머, 이제는 내 눈에 이르기에

어디에도 초점을 잡을 수 없어진 내 눈
순간에 멈춰 선 영혼을 버스에 싣고 가는 육체마저 흐릿하게 담게 되었다

내 눈에 비춰진 모습들은 다 같은 모습들이다
멈춘 영혼, 앉아 있는 육체, 나아가는 버스 다 같은 모습이다
아무리 단장해도 헝클어지는 머리를 한 사내의 모습이다
조금씩 걷다 멈춰서는 야간 버스의 모습이나
다 같은 얼굴에 같은 표정을 하고 있었다

내가 사랑하는 것들

깊이 들이마셨을 때 온몸에 한기가 돌 정도의 찬 공기
지붕이 부서져라 내리다 금방 멈추는 소나기
눈길, 뽀드득 뽀드득 밟힐 정도의 눈길
한 입 크게 베어 무는 사과
심장이 터지기 직전의 애정 행각
한 손으로 쥘 수 있는 작은 가전제품들
무엇도 바라지 않는 눈망울
내가 해 주는 맨몸 팔베개
느린 걸음의 초행길
건강한 음식들과 건강한 삶
굵기가 다른 펜들과 공책
창문 밖에서 들려오는 매미 소리와 그때의 기억들과
짱구
첫, 처음
진실
욕정 또는 사랑
카타르시스
그리고 사람이 아닌 동물과 하는 교감

외롭습니다

잠에 들지 못합니다
창문을 열어서도 아니고요
생각이 가시지 않아 머릿속에 무언가 남아 있지도 않아요 오히려 비어 있어요
조그만 외로움이 커져서 나를 집어삼키지도 않았고요
배가 고프지도 않아요
배게 밑에서 떠올리는 사람도 없고요
원치 않는 따듯함에서 나오는 작은 땀방울들이 괴롭히는 것도 아니고요

무언가를 내일 속에 적어 둬야 하는 것도 아닌데
저는 어째서 잠에 들지 못해요?
어째서 마음이 편하지가 않아요

단 하나 짐작해 보는데
지금 제 눈에는 평소에 잘 숨겨 둔 욕심들이 여기저기 새어 나와서 어디를 가던 욕심들의 흔적이 눈에 밟혀요

그럴 때면 저는 생각해요
제 눈에 보이는 욕심들이 정말로 제 욕망이 맞을까요
제가 하는 만큼만을 기도하는 제 마음에 맞는 욕심이 맞을까요
그것들을 욕심이라고 여기는 것도 제 작은 마음의 욕심이 아닐까요
어쩌면 지극히 당연한 걸 수도 있잖아요
그저 너무 외로워서 외롭지 않으려는 것뿐인데
대체 뭐가 잘못된 건지를 모르겠어요

어디까지가 제 욕심이죠?
저조차도 모르는 저의 불안함을 몇 글자로 쪼개 없애보려는 이 시도조차도 욕심이겠어요

일몰에게

일 년에 고작 한 번
모든 이의 소망을 담아서 떠오릅니다
그 소망의 기다림이 단 한 번이어도
조금의 서운한 내색조차 띠지 않고
있는 힘껏 온몸 불사릅니다
얼마나 자기 자신이 뜨거워지는지도 모르고
있는 힘껏 온몸으로 말이죠

그래서 저는 아무도 기다리지 않는 곳으로 갔어요

떠오르는 새해가 아닌
져 버리는 올해에게

앞으로의 축복도 소망도 좋지만
한 해 동안 내가 서 있는 곳 어디든 믿음으로 밝혀 주던
태양에게, 하늘에게 정말 감사한 마음으로 한참을 서서

태양이 바닷속으로 사라지기 전까지 저도 한번 있는 힘껏 온몸으로 말이죠

그런 사람들

밥을 사 주고 싶은 사람들이 있다
그 사람들은 친한 사람들이라고는 할 수 없다
서로의 무엇도 가까이 있지 않다

밥이 아니어도 무언가를 해 주고 싶은 사람들이 있다
내게 왔던 몇 마디 속에 담긴 진심들에게
아무것도 내게 바라지 않는 듯한 순수한 흰자에게
목적 없는 하루를 나와 걷기만 해도 웃음이 나올 법한
웃음을 띄워주는 선함에게

그리고 내가 사랑하는 사람들도 있다
발길질로 마음을 구애해도, 선명히 보이는 건
내 목에 솟아나는 슬픔으로 혈류 된 핏줄만이 말해 주는 사람

가슴을 지나 온 온기라고는 없는 냉소적인 사람
나한테는 목정성이 다분해도 나는 아무런 이유 없이

새어 나오는 웃음을 절로 막게 되는
사람

구정 눈

온 세상이 하얗게 덮이는 순간을
온 세상의 치부들이 덮이는 순간들을

나는 너를 얼마나 기다렸는지 모른다
꽃잎 지던 막바지의 봄부터 그리워하던 너라서

그리움도 잠시
집으로 돌아와서 발밑에 묻은 너를 짜증스럽게 털어내
며 든 생각인데

더 이상 환해질 수 없는 네가 구정물이 되는 건 당연한데
네가 까맣게 변한 건 분명 내가 밟아서 일 텐데

아무리 밝혀 주어도 누구한테나 밟힌다는 것을
네가 뻔히 아는데 얼마나 내려오기 싫었을까

그러니까 또 한 번 겨울이 온다면
너는 눈이 아닌 녹지 않는 우박이 되어 줘

과외

사랑이 하고 싶다면
사랑에 대해서만 쓰자
단 손으로 쓰지 말 것
나는 사랑한다

누군가를 사랑한다면
누군가에 대해서만 쓰자
단 글로만 적어 두지 말 것
너를 사랑한다

내 삶을 사랑하고 싶다면
아무것도 하지 말라
적지도 듣지도 맡지도 말라
보지도 말고 보여 주려고 하지도 말 것

사랑 노래

어떤 사랑을 찾는가

밤마다 찾게 되는 별자리와 나 사이의 허공에 흩날린
사랑인가
아침이면 타야 하는 버스에 태워 보내 버린 사랑인가

어떤 외로움으로부터 피어난 사랑을 찾는가

별자리 보이지 않나 드러누웠던 이부자리가 주는 외로
움인가
만석인 버스에 그녀만 없어서 아무것도 들리지 않는
외로움인가

나는 지금 사랑을 노래하지 못하겠네
그저 누가 심어 놓은 길가에 핀 꽃에 달려들고
억지로 채취한 향기로 노래하려 하고 있으니

그래서 지금 내가 써 내릴 수 있는 노랫말들은
붉은 잎으로 핀 짙은 향도, 가시로부터 깊게 파인 상처
도 아닌 보이지 않는 허무의 씨앗들이다

뜀박질

앞만 보고 뛸 때는 보이지 않던 것들이
숨 좀 쉬고 걸으니 보이기 시작한다

걸으면서도 보이지 않던 것들은
숨을 멈추고 자리에 가만히 서면 보인다

가만히 멈춰서도 보이지 않는 세상은
눈을 감으면 펼쳐져 있다

눈을 감고도 원하는 꿈을 꾸지 못하고 있다면
눈을 떠라

원하는 세상은 아니어도
뛰기에도 아주 좋은 세상이니까

정처

정처 없는 거리에
아주 긴 횡단보도

신호등이 바뀌기만을, 두 다리 서두르고
두 다리 서 있기만을, 신호등 기다린다

빨간 조바심에 정처 없는 두 다리 서둘렀는데
녹색 조바심에 보도 중간에 멈춰 서고 말았다

나는 오지 말라는 경고 앞에서 어떤 조바심에 사로잡혀 잠시 동안의 정처도 거부하고 말았다

다시 돌아갈 때는 어떤 조바심을 탓할 것인가
두 다리 탓을 할 것인가
정처 없는 내 자신을 탓할 것인가

숙이에게

내가 얼마나 행복한데 니 하나 낳아 놓고

내가 얼마나 잘 아는데 내가 니 자랑인 거

근데 그 자랑은 못났어
처음에는 니가 주는 사랑까지도 의심을 했었으니까
엄마라는 마음도 믿지 못하는 못난이가
어떤 사랑을 받고 자랐겠어, 제일 쉬운 사랑도 거부했는데

사랑이 뭔지
내가 본 사랑의 모양들은 네모는 곡선이었고 동그라미는 직선이었는데
어떻게 보고 따라 그릴 수 있겠어

모난 자랑은 모난 마음을 탓할 수밖에

이제는 점을 찍을게
선이 아닌 점으로 마음을 찍어서 빼곡하게

빼곡하게 사랑을 받을게
빼곡하게 사랑을 줄게

꼭 니 자랑이 될게

돌

부드러운 돌멩이 찾아봐라

부서지는 돌멩이 찾아봐라

우리
바위는 못 되어도

우린
열심히 부딪히고 깨져 가면서

모난 모습으로 부끄럽지 않는 상처들 가득 안은 채
더 단단해지고 있는 돌덩어리

내가 생각하는 아름다움에 대해서

중력으로부터 가벼운 사람
혀와 입의 거리는 멀되 둔한 사람
자신과 타인의 분별이 없는 사람
꺼내진 말과 꺼내지지 않은 생각들이 비슷한 사람
함부로 사랑하지 않는 사람
어둠 속에서 빛을 찾아낼 수 있는 시선
욕심조차 타당하게 만드는 이성
그리고 씩씩함

바닷소리에 귀 기울여

파도가 나를 삼키기 전에
잔잔한 파도가 커지기 전까지
잠기던 발목이 보이기 전까지
내가 만든 모래성이 부서지기 전까지

파도가 나를 삼키기 전에
내가 만든 모래성이 부서지기 전에

아직도 두 귀를 감싼 두 손 너머
무서운 소리 가득하다면
바닷소리에 귀 기울여

장작

내가 차가운 사람이었는지
세상이 나를 차가운 사람이 되게 했는지
나는 모르고 있었다
불씨조차 보이지 않는 벽난로를 들여다보기 전엔

나가자!

가지째 살아 숨 쉬는 눈물겨운 나무를 찾으러

꿈

같은 베개를 베지 않고도
같은 꿈을 꾸고자 하는 많은 이들
이들과 함께하는 꿈
나는 오늘도 꿈을 꾼다
두 볼 꼬집어도 끝나지 않는 꿈들을

방파제

파도가 친다

방파제 없는 내 마음에 파도가 친다

봄 밤

눈이 아닌 마음도 아닌
코끝으로 봄을 느낀 밤

벚나무 거리가 아닌
떨어진 두 잎에 봄을 느낀 밤

그 밤
진실과 사랑으로 저물어 가는 밤 부여잡고
영영 지새고 싶을 뿐

욕심

나는 내가 모르지만 남을 잘 안다
내게 무엇이 있는지 모르지만 무엇이 없는지 잘 안다
가져 보지 못한 것들에 생긴 욕심은
내 안에서 해소되기 마련
내 안에서 어떤 가치를 지녔는지 모른 채
내 안에서 사라지기 마련

내 안에서 사라진 욕심들은 헐고 헐어
다시 내 밖에서 자라날 테니

그냥 내 안에서 싹을 잘라 피워 버리자
피워 버리자 욕심들, 내 안

낙엽

손길 한 번 닿지 않은 낙엽은 없다

그런 낙엽조차도 떨어져 있을 자리가 있기 때문이다

어디로 쓸려 갈 것인지
쓸려 가지 않을 것인지

애초 떨어지지 않을지도

사슴 눈

우리는 때 한 번 묻지 않은 검은 눈동자를 사슴 눈망울이라 일컫는다. 그래서 나는 눈을 일컫기 전 사슴을 보았다. 얇고 긴 다리를 가지고 태어나 어미마저 불안하게 하는 앙상함은 철썩 주저앉으며 시작되고 금방이라도 부러질 듯 계속 넘어진다
아무리 넘어져도 부러지지 않는 유연함을 가진 어린 사슴은 푸르름 속으로

푸르름 거닐고 푸르름 마시며
푸르름을 남기는 사슴은 울지 않을 수밖에

그렇게 나는 한 번도 들어본 적 없는 사슴의 울음소리를 조금의 흰자도 찾을 수 없는 검은 눈동자에서 듣게 되었다

욕

생각하기 귀찮아 뱉는다
말하기 번거로워 뱉는다
무엇을 그리도 뭉뚱그리고 살아가는지 욕이 나온다

단지 조금 더 헤아리지 못한 것

휜 다리

다리가 휘어서 걷지 못해도, 이미 휜 다리
휜 다리 구부러질지언정 나는 가야만 한다

두 다리 질질 끄는 소리와 세상에 발악하는 내 맵시에
나만이 아닌 너까지 온 세상이 동정을 한다 해도 나는
잡아야 한다

너를 데리고 오는 길에 너를 잡은 손과
너무 차가워진 나의 온기만큼은 더 굽어질 수 없으니까

괜찮을 거야
동정은 받아야 하는 사람들이 만드는 거니까

친구

나는 너와 친구가 될 수 있을까
나는 네게 생각을 강요하지 않을 수 있을까
나는 너와 다름을 받아들일 수 있을까
나는 네게 바라지 않을 수 있을까

단지 조금의 시간을 같이 쓰고 싶은 마음뿐인데도
내가 너를 볼 땐 수만 가지 눈이 떠져

같이 미끄럼틀만 타도 친구가 되던 그 마음은 어디에 두고 왔을까?

아침에게

조금의 온정이라곤 없는 아침
나는 단 두 걸음 뗀다

주먹을 꽉 쥐지 않으면 무릎이라도 꿇어야 할 것 같은 나는
단 두 걸음을 뗀다

눈을 감기 전 밤보다도 캄캄한 아침에
온 마을 불이 다 꺼질 때 보이는 제비 집 두 채에게 배운다

그런 아침에게 배운다

비눗방울

1800원짜리 비눗방울을 시킨 너

맨몸에 겉 옷 한 장만 걸친 채
옥상으로 종종걸음으로 담을 수 없는 설렘을 들고 나갔을 때
나는 그 모습을 영원히 지울 수 없는 시로 남기고 싶다는 생각이 들었어

너의 숨이 입 밖으로 나올 때 다른 어떠한 생명체보다도 아름다웠고

네가 만든 방울에 잦은 빛이 스며들어 더 이상 비눗방울이 아니라고 느껴질 때 난 너와 동행을 하는 꿈을 꿨고

네가 신나서 비눗방울을 터트리는 모습엔
나는 너의 이름을 딴 강아지를 낳고 싶었어

좋아한다

나는 좋아한다
내가 좋아하는 것들을 좋아한다
내가 좋아하는 것들을 좋아하는 내 모습을 좋아한다

나는 호기심을 좋아한다
처음 보는 것들을 좋아하고 초행길을 좋아한다
나는 묵직함을 좋아하고 때로는 가벼움을 좋아한다
난 이것저것 좋아한다

나는 함부로 좋아한다
그러니 이번에는 더욱 어렵게 좋아한다

너무 어렵다
그러므로 좋아한다

시식 코너

삶은 언제든 내 스스로 놓아 버릴 수 있다는 생각에
인공위성을 보며 달리던 나는
아무런 의지 없이 계속 달리고 있는 두 다리가 불안해 보였고
불안하지 않으려 억지로 의지를 만들 수밖에 없었다

놓을 수 있지만 놓지 못하는 내 삶이 꼭 엄마 손과 닮았다

쓸모없는 욕심에 따라나선 대형 마트에서
엉엉 울며 찾아갔었던 방송실이 낯설지 않던 나였기에
더더욱 놓지 못하는 것 같다

나는 지금도 한동안 시식 코너에서 정신없이 주워 먹고 있다
하나만 주워 먹고자 했는데 너무 긴 시간이었다
엄마 손은커녕 엄마조차 떠오르지 않았다

다른 사랑

내가 한 사랑이 아니고서 나는 어떤 말도 할 수 없다
다른 모양의 사랑을 가늠할 수도 없어
다른 사랑을 들여다볼 수도 없다
끝에 깨달음이 있어야 사랑이라고 느낄 수 있는 것 또한
나는 깨달음을 또 한 번 느끼기 전 모든 사랑 앞에서 신중해지기로 했다

그간 제가 모르는 사랑들에게 범한 결례를 용서해 주십시오

담배

24살 5월 15일 내 돈으로 첫 담배를 사서 피웠다. 내게 있어 첫 담배는 초등학교 5학년 때 같은 반 홍정욱이 시켰던 둥지분식 앞에 떨어져 있었던 꽁초를 주워서 피던 것이다

나약해 보이기 싫은 마음과 또 몸에 멍이 들어서 엄마를 마주하기 싫은 생각에 몇 번이고 빨리지도 않는 꽁초를 주워서 폈었던 기억이 있다. 그리고 얼마 가지 않아서 홍정욱은 우리 반 20명 정도의 여자 친구들과 남자 친구들을 모조리 모아서 담배를 피우게 했다

그저 입으로 뻐끔거리기만 했어도 아직도 선명한 내 첫 담배였다

그 사실을 안 이유승 선생님이 남자애들을 모았고 너무 놀라서 오줌을 지릴 정도로 우리를 때렸다, 죽도로 그 이후로 담배는 없었다. 꽁초를 주워서 피웠던 약한 마음의 담배를, 그 나약함을 피우기 싫었던 것이다. 한 번도 제대로 피워 본 적도 없이 증오했었다

내게 담배는 그런 것

도망치고 싶은 기억들과 들고 싶지 않은 멍 그리고 감추고 싶은 나약함

장마

여름보다 빨리 찾아왔다. 내게 낮이 된 서늘한 그늘
빗방울이 튀기도 전에 내리는 소나기에 여름을 깼다

지금 느끼는 무기력을 나는 '장마'라 이름 지었다
그래 다 장마 탓이야. 장마 때문이야

그렇게 장마 탓을 하고서야 나는 흠뻑 젖을 수 있었다
정말 시원하게 보낼 수 있을 듯한 이번 여름
어릴 적 지금 살고 있는 보증금보다 비쌌었던 산삼을 먹은 덕에
한겨울에도 감기를 걸리지 않았던 내 등에 열꽃이 피었다

바다도 비에 젖는다

바다도 비에 젖어 빛날 때가 있다
그런 바다도 홍수에 잠길 때가 있다
돌멩이 하나에 흘러넘치는 바다도 있다
그렇게 흘러넘친 한 방울도 바다일 수 있다

우린 모두 바다,
흘러넘치고 부서지는
밀려오고 흘러가는

노란 복숭아

언제 적 나는
복숭아가 노란색이었다면 하곤 했다
그것들은 딱딱하지도 물렁하지도 않았으며 깨물었을
땐 입 안 가득 바람을 베어 무는 듯했고
한입에 먹지 못해 새어 나간 바람들은 무척이나 달았
다
그 맛은 분명 노란색이었다

내게 있어 당신은
노란 복숭아

참으로 재주가 많은 당신
참으로 평온한 표정은 재주
당신의 재주는 커다란 평온

내게 당신이 있어 평온했던 이 사막들은 노란 껍질을
띄우고

당신과 이 사막에서 아직은 물 한 방울 찾지 못했지만
그 걸음들은 무척이나 달았다

그런 내게 당신은 삼키지 못한 달콤함

사람

사람이 뭔지
나는 내가 사람이라서 사람이 참 무섭습니다

이루어 질 수 없는 꿈에서 깼을 때
다시 그 꿈을 꾸려 눈을 감는다는 사람이란 게
사람이 참 무섭습니다

나는 오늘 내 마음을 확실히 알았습니다

나는 단 한 번도 눈앞에 놓인 싱그러운 사과를
한 입도 못 베어 물어 보았다는 이유로 탐한 적 없습니다

내가 시를 쓰고 있는 이유는
매일 반복되는 있는 조금의 갈피도 잡을 수 없는 꿈에서 깨어나도 조금도 잊히지 않는 당신을 잊기 위해서

이쯤 읽고 당신이 내 마음을 알아 줬으면
나는 매일 당신을 떠올리는 작은 용기를 내며 산다는 것을

올해가 가기 전에 할 것들이 두 가지나 생겼습니다

소박소박 견장자리